AF316171

# DISCOVRS

## DES GENERAVX
### CHANGEMENS
### de l'Vniuers.

## ENSEMBLE

Des mouuemens celestes de l'Abside de Iupiter significateur de la FRANCE, calculez selon les mouuemens terrestres de paix & guerre, qui dés la fondation du Monde, iusqu'à l'an 1616. aduiendront en icelle, selon lesquels le FRANÇOIS doit cy aprés esleuer sur toutes les Nations les trophees de ses conquestes, & à la fin former vn Empire sans borne & sans pair, perdurable iusqu'à la consommation de toutes choses.

Par I. D. R. POLIPHILE.

A PARIS,

Chez RENÉ GIFFART Imprimeur, demeurant ruë grande Bretonnerie, prés la porte sainct Iacques.

M. DC. XV.

Auec permißion.

# A TRES-HAVTE,

## TRES PVISSANTE, ET

### TRES-EXCELLENTE PRIN-
ceſſe MARIE DE MEDICIS,
Royne de France & de Nauarre.

## MADAME,

Voſtre Majeſté eſt tellement nee pour le bien de
la FRANCE, qu'il ſemble qu'en nos iours,
elle n'ait deu eſperer aucun vray repos, que par le
ſecours de ſon ayde fauorable. Auſſi toſt qu'elle ſe fiſt voir en ce Royaume, au meſme temps
les orages ( qui nous agitoient depuis ſi longues
annees ) cederent au calme, de ſorte que la
guerre de Sauoye, qui menaçoit d'eſtre le commencement de nouueaux vents, & de nouuelles vagues, fut la fin de la tormente, & le commencement de la douce bonace qui nous a fait
ſurgir heureuſement au port de ſeureté où nous
ſommes. Ceſte paix ſi attendue, MADAME, a eſté
depuis appuyee & fermement eſtançonnee par la
naiſſance d'vne tres-deſiree poſterité Royale, que
V. M. nous a donnee, ſi heureuſe que deſia dés ſa
tendre jenneſſe, elle porte la Couronne des plus

grandes & puiſſantes Monarchies, ſe treuuant
capable de rabaiſſer la grandeur des Ottomans,
& faire plier les Croiſſans ſoubs l'Oriflame de la
fleur de Lys. Apres encor comme ſi V. M. deuoit
touſiours faire decouler ſon bon-heur ſur nous,
au temps de la grande tempeſte, & du noir &
cruel tourbillon, qui auoit emporté le maiſtre Pi-
lote, auſſi courageuſe que prudente, elle priſt en
main le difficile tymon, & d'vnë dexterité indicible, par ſus les bans & les Carybdes des remue-
mës, nous guida & guide encor par ſes ſalutaires
conſeils en toute felicité. Et parce que ce diſcours
traite des monuemens de la FRANCE, ſelon les
mouuemens des Abſides de Iupiter, & que V.
M. nous doit conduire par iceux, i'ay eſtimé eſtre
neceſſaire de les luy faire voir, afin que ſi ie ne
ſuis digne de ſeruir ſur le Tillac, ie ſerue au moins
ſur la Hune, & donne aduertiſſemët des eſcueils
qui m'apparoiſſent de loin. Ie ſupplie tres-hum-
blement V. M. les regarder d'vn œil fauorable,
afin que de là prenant hardieſſe, ie luy rende
des preuues plus notables du perpetuel ſeruice que
doit à V. M.


MADAME,


Voſtre plus que tres-humble &
plus que tres-obeiſſant ſubjed,
& ſeruiteur,
I. D. R. POLIPHILE.

# DISCOVRS
## DES GENERAVX
*changements de l'Vniuers.*

La decadence des Royaumes, & captiuité des Nations, de mesme que la fondation des Empires, n'aduient point par vne rencontre aueugle des choses fortuites. Ces si grandes & notables mutations ne se font point par l'incertain euenemét de l'hazart. l'Air d'Anaximenes n'a point esté la cause de la forme des Monarchies; encore moins les Atomes d'Epicure, ou proportions ou nombres Pythagoriques. C'est la main seule du Dieu tout-puissant qui les establit, & la bonté de sa Prouidence eternelle, qui limite l'accomplissement de leur temps, de leur duree & subsistence. Car comme toute puissance & domination vient de luy: aussi toute leur vigueur & force decoule de la douceur de la benignité de sa grace. Ainsi ceste tant triomphante & glorieuse Nation des Iuifs, mesme autrefois la bien-aymée de Dieu, (exemple bien remarcable) monta premierement à la summité d'vne grandeur de Regne Auguste & redoutable, & puis apres fut si miserablement enchaisnée & emmanotée selon le temps de son opressió determinée

Ainſi par 70. ſepmaines d'ans déterminées, la
Captiuité Babilonique les chaſtia, Actes Chap. 7.
Ainſi depuis la reſtauration du Temple iuſqu'à la
venuë du CHRIST le Redempteur, ſe deuoient
eſcouler ſept ſepmaines & ſoixante deux ſepmaines d'ans, & apres ſoixante deux ſepmaines, (auquel temps Daniel Chap. 9. dit, les deſolations de
ce peuple deuoir eſtre parfaictes & accomplies) la
malheureuſe nation deuoit eſtre deſtruite & deſolée pour eſtre d'oreſnauant la balieure du Monde, & le meſpris de toutes nations. Les Royaumes donc ont de DIEV leur eſtabliſſément &
leur fin, & par conſequent s'eſleuent, ſubſiſtent, &
dominent ſelon l'abondance de ſa faueur, non ſelon noſtre prudence, valeur & force. Et ſeroit-il
auſſi raiſonnable, que des ſi generaux & vniuerſels
changemens, des effets ſi notables & redoutables
dependiſſent de la foibleſſe & imbecillité de
l'homme? De l'homme, qui comme la fleur mar-
ciſt auec le declin de ſon iour, qui comme l'ombre
verſe du ſoir, s'apetiſſe, iuſqu'à la nuit, iuſqu'à la fin
de ſa vie, & comme la bulle volante s'éſuanouira
nos yeux auec les Idées des nuages de l'air, dont
la force s'eſgale à la durée des torrens, qui s'abaiſ-
ſent & s'eſcoulent en leur vie, en leur voye, en
leur ſoudaine & fuyante courſe? Non cela ne ſe
peut. C'eſt auſſi DIEV ſeul qui les a preordonnez &
ordonnez, deuers lequel auſſi ſeulement (comme
les Saincts Patriarches, Ioſeph, Daniel, & ſainct
Iean) doiuent recourir ceux qui veulent ſçauoir
le futeur de leur vigueur, & de leur cheute, puiſ-
que, *Apud illum*, comme dit ſainct Auguſtin en
les Soliloques, *omnium ſtabilium ſtant cauſæ, om-*

*nium immutabilium manent origines, omnium ratio-
nabilium, irrationabilium atque temporalium vi-
uunt rationes.* Que si D I E V ne nous reuele imme-
diatement ces diuins secrets ( comme à ces bien-
reux Patriarches & Peres ) on peut comme moy
les rechercher dans ses supremes liures, dans les
Cieux estoillez, ses Hieroglyphiques admirables,
& les grands registres de ses Saincts decrets. Decrets qui nous doiuent estre dautant plus confide-
rables, que nous pouuons appeler d'iceux par prieres deuant le Throsne de l'Eternel, puis qu'ils ne
necessitent point, n'obligent point, & n'empor-
tent que nostre libre & voletante affection par inclination naturelle. Donc comme sa diuine bonté
a laissé à l'homme le franc-arbitre aux choses petites, communes & ordinaires, au vice & à la vertu:
tout de mesme, luy à elle osté l'entier gouuernement des choses plus grandes, plus hautes & vniuerselles. Et partant les Empires des peuples & des
Nations, ne depédent pas de la vaillance où sagef-
fe, ( encore que D I E V s'en serue, ) mais de son
seul ordre admirable & diuin, selon lequel le Ciel,
les Astres, la Terre & toute la Nature se meut &
se gouuerne. Car c'est luy qui *Librat in pondere
montes & colles, & in statera molem terræ tribus di-
gitis appendit.* C'est luy qui a pesé les montaignes
& les valees, & sur ses trois doigts en sa balance
suspend ceste grande masse terrestre, la tournebou-
lant pour seruir où Regner selon son bon & iuste
plaisir. Ie faisois ce Discours en moy-mesme,
quand ie vins à benir & admirer la grande grace de
D I E V enuers nous F R A N Ç O I S, de ce qu'il a
laissé passer franche ceste Monarchie audelá des

ansClimacteriques des Royaumes, & la conseruée si entiere, auec tant degloire & de splendeur, qu'el-le a offusqué l'ornement des Empires, & l'apparat releué de toutes autres Royautez. Mais comme ie vins à remarquer par quel moyen la Diuine Majesté l'auoit maintenuë en la pompe de sa genereuse magnificence, par quel ordre elle l'auoit formée & affermie, par l'espace de tant de siecles diuers, par quels instrumens elle vouloit encore esleuer iusqu'au Ciel, iusqu'à la consommation des siecles, les aisles de sa gloire triomphante, en luy faisant fonder vn Empire sans borne & sans fin, plus impetueux que le Grec, plus solide que le Romain, & plus fort & iuste qu'aucun autre, ce feust lors que ie demeuray comme raui, & que la comprehension des voluptez de ces belles curiositez me fist desirer d'en faire part à mes amys, Curiositez dautant plus desirables, qu'elles sont en toute façon pures, n'ayans besoin que d'vn clair iugement pour les comprendre, & d'vne ame toute nette & munde pour auoir le desir en mesprisant ceste boüe terrestre d'aller admirer leur diuin facteur & conseruateur. Aussi pour se les bien figurer, il faut passer audelà de ce bas Monde, esleuer son ame hors des bourbiers des Elemens, & conduisant son esprit iusqu'à la consideration du Throsne de DIEV, des Cieux & des corps celestes les mediter sagement. Mais dira quelqu'vn, n'est-ce pas trop haut voler? n'est-ce pas trop entreprendre que de lire & apprendre les secrets de la Diuine Majesté? Non (belle ame) non, car sa misericorde infinie les nous laisse voir pour nous faire voir sa puissance & clemence, pour attirer nos ames à luy, & rece-

uoir les effects de noftre humble repentence.
D'autant que les Anges & intelligences de ces
grands Orbes celeftes, dans lefquels nous lifons
ces beaux fecrets; tout ainfi qu'elles font les He-
rants de fa haute Iuftice, par mefme raifon au mouuement de leurs Concentriques & Eccentriques,
nous annoncent elles la rigueur de la feuerité de
fes futures vengeances, & dans iceux *tanquam in
albo Prætoris*, nous y font lire les Edits commina-
toires de noftre prochain chaftiment. Et à vray
dire, le Ciel, & la Terre ne font autre chofe que
les liures de la Diuinité, dans lefquels elle nous
laiffe lire ( bien que plus obfcurement en l'vn
qu'en l'autre ) les ordonnances de fa benignité incroyable, & les aduertiffemens de la iufte puni-
tion que nous auons merité, par l'vn nous ren-
dons graces de fa grande mifericorde, par l'autre
nous nous repentons, fatisfaifons & l'adouciffons.
Ainfi le Ciel auec des lettres de feu, auec des efcri-
tures mouuantes & Caracteres eftincellans, nous
monftre engrauez les fignes certains du courroux
diuin : Ainfi la Terre & la Nature par la difformi-
té de l'horreur de fes monftres, par le mugiffant
fon des fecouffes de fon tremblement, par la de-
folation de fes deluges & fterilitez, nous faict
comprendre & apprendre les menaces de l'execu-
tion de fon ire efpouuentable, lecture alors bien
generale, mais auffi bien à craindre, & qu'on ne
doit pas mefprifer. En cefte façon tout l'Vniuers
peut eftre appelé le liure de la Diuinité, où le mortel fans offence auec la gloire de DIEV à pouuoir
d'apprendre à s'amender. Mais le Ciel comme
plus digne & plus pur, comme d'vn ordre plus

beau, plus parfaict & intelligible, comme compo-
sé de matiere incorruptible & ineffaceable, doit
estre appelé l'vng des plus beaux liures de ses plus
grands secrets, & le plus rehaussé Tableau de son
eternelle preuoyance. Liure d'autant plus admirable qu'il a moins de lettres & de feuillets, & neant-
moins designe, represente, & signifie, non seulement vniuersellement & generalement toutes les
choses generales & vniuerselles, mais encore de-
monstre aussi les principaux & plus notables accidens de nos fortunes particulieres. Doncques
D I E v auec les Caracteres des sept Plaanettes &
petits poincts des Estoilles fixes, par leur distance
& conionction, par leurs feux & mouuemens, à es-
crit dans les Cieux les menaces de la determina-
tion de sa iustice, & par mesme moyen reglant par
ordre les generaux changemens des Empires, leur
a establi vng terme, vng periode, vne fin & vne
borne certaine en leur stabilité !

Or ces periodes déplorables, ces mouuemens
menaceans, desolees desolations des peuples, sont
recogneuz par plusieurs considerations, les plus
claires & probables desquelles sont quatre, sçauoir
le changement des Absides des Planettes, (lequel
regarde plustost le particulier des Royaumes que
le general du Monde, comme les autres trois ont
leur plus grande signification sur la plus grande
partie de l'Vniuers) La seconde se prent de la mutation de l'Eccentricité du Soleil, La troisiesme de
la diuerse figure de l'obliquité du Zodiaque, & la
derniere de la grande coionction que font ensem-
ble d'vne triplicité en l'autre, les superieures Planettes, Saturne & Iupiter apres s'estre entresuiuis

dans les Cieux l'espace de huict cens ans où enuiron. Car les Cometes, & toutes autres apparitions metheoriques, sont plustost des tesmoignages des susdits mouuemens celestes, ou comme les Ecclipses des aydes & nouuelles forces aux generales influences, qu'aucune cause certaine d'aucun notable & general changement. Ce sera (amy Lecteur) de ces quatre mouuemens celestes( principalement de ceux de l'Abside de Iupiter, qui entraîne auec soy celuy de Mercure ) appliquez aux mouuemens de ce Royaume . desquels comme d'vne loüable curiosité ie desire de t'entretenir sobrement & modestement. Et parce que l'application de ces Absides est vn suject espineux, & qu'aucun autre n'a voulu encore esbaucher, Soyez moy donc fauorables Diuines & chastes Muses, *Vos mihi sacrarum penetralia pandite rerum, & vestri secreta poli.* Enseignez moy le secret de vos Cieux estoillez , guidez moy benignement par les deserts de ces vastes solitudes, & puis que le bénin Lecteur ne peut esperer de moy, *Atticos sales, aut fluentes numeros* , mais à bien grande peine, *planam & nudam orationem,* Ornez moy de vostre gratieux Ceste, *In quo,* dit Hesiode, *Gratia, beneuolentia, & probabiles suasiones.*

Or pour venir au point , Il faut sçauoir, que quand nous parlons des Absides, nous entendons des Absides des Eccentriques, qui sont ainsi appelez, parce qu'ils n'ont pas leur centre auec celuy du Monde, & partant, accedent, & sont plus proches du centre du Monde par vn costé, que par l'autre. Comme si la ligne diametrale dudit Eccentric, passant par son propre centre & celuy du

Monde, distinguoit en la circonference de l'Eccentric deux poincts, le plus lointain du centre du Monde seroit appelé, l'Abside, l'Auge, l'Apogée de l'Eccentric, l'esleuation du Planete, autrement la plus longue longitude, & le plus haut poinct de la ligne de l'Auge du Planete. L'autre poinct, qui est le restant de la ligne diametrale, s'appelleroit le Perigée, l'opposition de l'Auge, & la plus briefue longitude. Or vng Planette en ce point de l'Abside, est estimé plus agissant, plus pur, plus fort & plus heyreux qu'ailleurs; parce qu'il est plus proche des figures celestes & des Estoilles fixes, desquelles accidentairement il prend sa propriété & vertu, & tout agent naturel agit plus validement que plus il est proche de ce qui luy imprime passion.

Il y a plus, c'est que ce mouuement est coniné la fin de tous les mouuemens celestes, dans lequel y a mouuements de centres, qui sont de si grande consequence; car le premier mobile, n'est le second, celuy-là les deux Orbes difformes, les deux orbes difformes, tournent tout l'Eccentric, & par mesme moyen le poinct du Perigée & de l'Abside; De là en suite, selon la diuersité des centres, des Signes, & des Asterismes, les influences agissent. Il est donc necessaire que ce mouuement ait vne grande vertu. De ces mouuemens voicy le Schema.

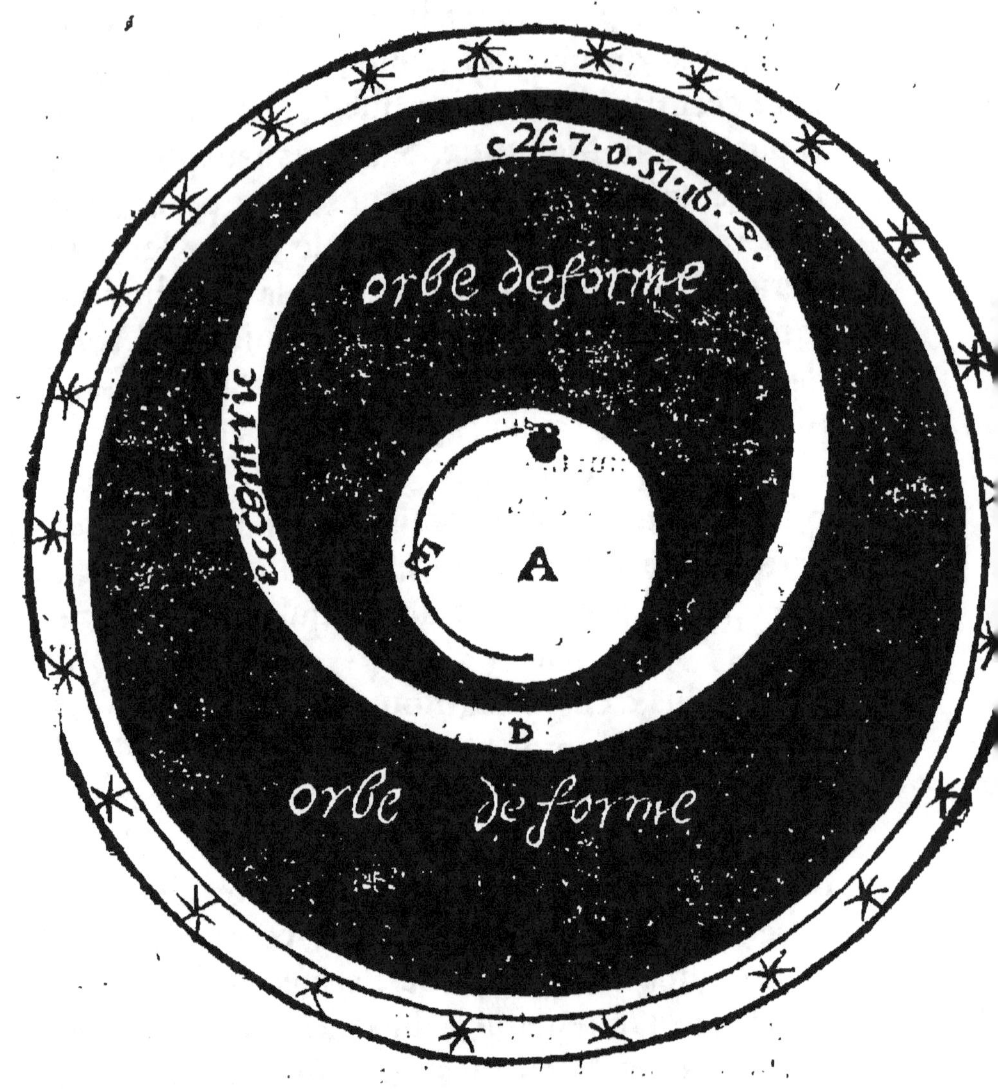


Auſſi le Reuerendiſſime Cardinal de Alliaco
liure 3. de Orbes, Cardā 5. aph. 129. & tāt de doctes
ont remarqué, que le ſeul Abſide du Soleil, ayant
marché depuis Aries iuſqu'à Cancer, laiſſa inhabi-
table la partie Auſtrale, c'eſt à dire, au commence-
mēt du Monde fiſt pluſtoſt habiter l'Auſtrale
que la Boreale, qu'apres de Cancer iuſqu'en Li-
ra, il fiſt habiter l'Auſtrale & Boreale, mais la Bo-

A. Centre du Mo
B. Centre de l'ecc
C. C'eſt l'Abſide
D. le Perigee.
E. Mouuement
centre de l'eccent

reale receut plus de ſes vertuz, commende & commandera, que paſſant de Libra en Capricorne, rendra plus habitee l'Auſtrale, non qu'elle domine la Boreale, Dont ils ont en fin conclud, que de Capricorne iuſqu'en Aries (Si tant eſt que le Monde dure tant, que l'Abſide Solaire puiſſe faire ce cours) l'Auſtrale dominera, & la Boreale ſera nuë, deſtruite & deſolée.

Ie ſuiurois ce diſcours de l'Abſide du Soleil & de toutes les autres errantes, monſtrant en quels Signes ils ſont paruenuz, & quelles Nations & peuples peuuent ſouffrir où vaincre, mais ce ſeroit eſtre trop liberal des ſecrets Kabaliſtiques, & puis i'excederois en vn grand volume contre mon intention, nous nous contenterons donc de ſuiure ſeulement le chemin qui nous conduit en la France.

Le changement des Abſides de toutes les Planetes, ne touche pas à icelle, il n'y a que celuy du courtois & genereux Iupiter que nous deuions obſeruer, parce que Iupiter ſeul, principalement (comme il eſt remarqué par tous, notament par le tres-docte Cardinal de Cambray) eſt ſignificateur de la France, ſon Algebutar, ſon Chronocrateur, & Almuten, c'eſt à dire, le Planete qui y a plus de domination. Il nous faut auſſi remarquer que le Tropique de Cancer ſur tous les Signes celeſtes, a ſpeciale puiſſance & ſignification ſur elle. Cancer (dis-je) ce beau ſigne Royal, ainſi appelé en terme de l'art, parce qu'aux Natiuitez des grands Roys, il occupe toujours le principal lieu de la figure, Principalement en France, teſmoings en ſoient tant d'heureux & valeureux Roys; & entre autres les

inuincibles & redoutables, HENRY le grand &
LOYS 13. son fils aujourd'huy heureusement regnant. dont le premier pour auoir eu ce tres-fort
signe en la maison Royale, c'est à dire, au poinct de
son Midy, dans lequel signe estoit placée la partie
de fortune ( à conter de la Lune au Soleil, ) laquelle estoit illustrée du trigone dextre de Venus, da-
me de la maison huictiesme, attribuée à signifier
les heritages, & du triangle senestre de Saturne,
seigneur de la quatriesme, qui designe le patrimoi-
ne des ayeux, par ces constellations tres-heureu-
ses, encores que ceste partie de fortune eust pour
ennemis le Soleil Mars & Mercure, & ce par tre-
senne mie opposition, & la Lune & Iupiter par
quadrat dextre & senestre, qui representoient des
Papes, des Roys, des grands Capitaines, des gens
de lettres, des peuples & Religieux tres-opinia-
tres, Si est-ce que par la volonté de DIEV, ( qui a
voulu laisser agir les causes secondes & naturelles)
c'est à dire ce Signe & ces trigones, il a succedé aux
droits paternels & maternels, & pour raison de ce
qui est designé par le Cancer, c'est à dire, la France,
est demeuré maistre absolu, vainqueur & triom-
phant tres-heureux. Quant au Roy Regnant la
Gloire des Princes Chrestiens, la Consolation de la
France, & l'Esperance de l'Vniuers, qui pourroit
desirer d'auoir mieux placé ce Signe? veu que sa
Majesté l'a pour ascendant & horoscopant en sa
Natiuité, presage, marque, indice & tesmoignage
tres-certain & tres-indubitable, entre tous les autres, qu'elle est naturellement née pour l'honneur
de son Royaume, pour son bien & repos, & que
de son viuant ( & plaise au Createur qu'elle viue

plusieurs siecles ) aucune puissance estrangere où
subjecte, ne peut broüiller en iceluy sans dur re-
pentir. Mais pour nous radresser au sentier que
nous auions vn peu escarté.

C'est donc Cancer qui darde sur la France ses
fauorables influences, & comme il est solstitial, reglant le cours & descente du grand flambeau du
jour, il est aussi l'exaltation de Iupiter, qui en terme de l'art, est la grande fortune du Monde, qui
ne signifie que Seigneuries, Honneur, Magnanimité, Iustice, Gloire & Magnificence; Aussi ce
Royaume qu'il represente, est en hôneur, dignité,
force, vaillance, & gloire, le premier, le plus digne,
& le plus desirable de tous ceux que le clair Soleil
illumine. C'est pourquoy phisicalement il confere
aux vrais François vne generosité & magnanimité
incroyable, vne douceur & courtoisie tres-ciuile,
vn courage & hardiesse sans pair, vne desmesuree
inclination à exercer la Iustice, la pieté & deuotiō,
auec vne probité, honnesteté, pompe & netteté
inexprimable, qui sont les qualitez essentielles de
la nature de Iupiter. Car quant au desir de sçauoir
les nouueautez, promptitude & impatience, & encore au changement des nouueaux habits, elles
viennent de la participation que la Lune a en ce
Signe, auquel selon nos regles, elle a dignité de
maison, laquelle *Eundo, & redeundo perpetuo nous*
*mouet & affert, studiumque sciendi ingerit, vt &*
*propter mutationes formæ suæ, formas mutare facit*
*vestimentorum.* Lesquelles inclinations naturelles
viennent parfaictement toutes les fois que quelque Françoisa en sa Natiuité heureusement conjoincts & posez Iupiter & la Lune au Cancer, ainsi

que i'ay remarqué plusieurs fois, comme de mesme selon leur infauste & contraire position, ces inclinations se treuuent manques, improportionnees, & excedantes.

La France est encore aussi subjecte aux beaux ge-
meaux Castor & Polux, parce que ce Signe est
l'antisce de Cancer, sa reflexion & illumination, &
qu'auec ledit Cancer, il est esgalement vertical &
proche de la France. Car le blond Phœbus n'a,
uoisine iamais plus pres de nous que quand il par-
court ces Signes radieux. C'est pourquoy nous deuons aussi considerer les puissances de Mercure
leur seigneur, qui à cause de cela, peut autant où
plus en ce Royaume qu'en aucun autre du Monde, tesmoin le bel ordre establi dés la fondation de
l'Estat par les loix Saliques, & tant de Chapitres,
Constitutions, Pragmatiques Sanctions, Loix, &
Ordonnances escrites & Mercuriales que nous
auons, qu'il semble que n'y puissions rien plus ad-
jouster. Tesmoin les procez immortels que la vertu Mercuriale suscite & renouuelle si opiniastre-
ment qu'on en est en prouerbe à toutes Nations.
Car la subtilité causeuse Mercuriale iointe à la nature esgale & debonnaire de Iupiter, ne peuuent
que donner des plaids & des procés. Notamment
que l'Abside de Mercure est encore dans le Scorpion signe Martial & litigieux, duquel il sortira en
l'An mil six cens quinze sequente annee, & deslors
la monstreuse Chicane peu à peu commencera à
s'alentir iusqu'au temps de la gloire de l'Empire
François, par laquelle elle sera quasi entierement
abrogee. Ceste Monarchie sera donc encore sous
ces loix & ordre establie, & gouuernee par trois

censans ou enuiró,auquel temps l'Abſide deMer-
cure que Iupiter gouuerne auec le ſien( Car Mercure luy a donné toute ſa puiſſance,la laiſſant toujours au Planete qui le ioinct,& Iupiter luy eſt en
conionction)auquel temps( diſ-je ) ledit Abſide ſe
ioindra au rutilant, ardant & enflammé Antares,
eſtoille des plus puiſſantes du Ciel,Beibenie des
plus heureuſes,comme a dit Hermes Triſmegiſte,
de Nature Iouiale & Martiale.Alors les valeureux
Roys François ſe formans des immortels trophees, des Couronnes &ſceptres des Empires &
Royautez ſerues & vaincuës, receuront des tiltres
de gloire & Majeſté non encore exprimez, & la
ſubtilité Mercuriale conuerſiue , s'eſtant toute
trãsformee en Iouiale & Martiale, ornera pluſtoſt
la main Françoiſe d'vn Cymeterre bien aceré,que
d'vn vil ſac de molle toille qu'aujourd'huy il far-
ciſt tout de complainctes & criees des miſerables
Litigeans. Et par meſme moyen ſe treuuant vainqueur de tant de genereux peuples,eſtimera indi-
gne de la gloire de ſon courage, de s'amuſer aux
reliques & deſbris d'vn chetif heritage, luy qui
viendra de conquerir tant de Terres & de Mers.
Cependant ſi par prudence humaine( Conſidere,
amy Lecteur ceſte parolle qui laiſſe le recours enuers DIEV tout entier) nous voulons dominer les
Aſtres,& debiliter la malignité des cruelles influ ̃e-
ces,qu'entre cy & ce temps l'inãbulation de nos
Abſides pourroit rencontrer , il eſt néceſſaire que
nos Roys gardent bien les ſolemnitez & ordre antien du Royaume,fuyans toute mal-heureuſe nou-
ueauté,& par meſme moyen cõſeruent le rang aux
Princes du ſang , qui ſont les immuables fonde-

mens de l'Estat, & par mesme suitte, maintiénent les Cours de Parlemens, ( principalement celle de Paris, seante à la Capitale ) en la puissance & authorité qui leur a esté donnee en leur establisse-ment : Car il faut que leur Majesté sçache, qu'elle leur a baillé vne portion de leur pouuoir sous telle constellation, qu'on ne la leur sçauroit oster, esbercher, où esbranler qu'auec la des-vnion Mercuriale & Iouiale qui cimente & establist humainement leur Royauté. Qu'il plaise donc à leur sacree Majesté, de ne forcer ce pourpre Royal, ces mortiers antiques & venerables, qui sont enuers les destins François des presages de si heureux Augures, & pour le soustien de leurs redoutez sceptres, autant d'armees puissantes, voire autant de celebres victoires. Que leur Majesté laisse donc faire librement leur fonction à ces Augustes Senats, sans les contraindre à l'approbation des nouueaux Edits par leur puissance Royale, & moins encore les desplacent ( non pas mesme par vn peu de temps) de leur antien Palais où ils sont deja stablement fondez. Car estans en partie les arcs-boutans, piliers & colomnes de leur Estat, comme le monstrent les principes d'iceluy, leur Couronne & Estat ne peut estre esbranlé, ou receuoir vne mauuaise secousse eux demeurans debout, & dominans de leur part aux Palais de leur Regne. Si ie voulois monstrer le mal-heur de ce chágement, ie vous ferois souuenir des toujours déplorables tré-pas des Henry le grand, Henry 3. Henry 2. &c. de tres-heureuse memoire, auquel temps le Parlement des Pairs estoit desplacé & mis ailleurs. Mais parce que chacun sçait ce changement, &

que sa consequence dépend des principes qui ne
se preuuent point, Ie me contenteray de la suppo-
ser. Non que l'ordre nouueau, où ledict Palais, ou
le changement de la demeure d'iceluy, cause ces
cruels accidens, mais seulement ce changement
est vne propre disposition qu'on baille en ayde
aux malignes influences qui n'agissent iamais sans
le moyen de l'ayde des choses inferieures, où bien
encore sont vn tesmoignage & aduertissement
du malin & infausté mouuement celeste supe-
rieur, auquel la chose inferieure acquiesce & cor-
respōd, à laquelle plustost par nostre prudēce, elle
deuroit contrarier. Et voyla la vraye cause naturelle & phisicale de ces grandes causes, qui decoulan-
tes de la main de l'Eternel, doiuent estre conside-
rees pour nostre bien, bride en main, sagement &
discrettement en admiration & consolation. Ces
principes posez, disons maintenant.

Que quand la parolle efficiente de l'immortel,
desbroüillant les matieres confuses du Cahos,
estendit dessus les Airs, ces bleuës courtines celestes que nous appelons Cieux, chacunes d'icelles
prenans leur bransle selon la volonté du souue-
rain Architecte, vers l'Orient ou l'Occident, selon
leurs diuers cercles & Orbes, en course, viste, où
tardifue; Alors Iupiter, (que nous deuons seul par-
ticulierement contempler ) se trouua auoir son
Abside, comme en son propre & special lieu, vers
la fin du signe Cancer, en l'Estoille appelee la poi-
trine d'iceluy. Ie dis alors contant depuis ce premier commancement du Monde, iusqu'à ce
temps, ( selon le calcul des Grecs qui commen-
cent l'An en Septembre, ) conforme au conte-

Astrono-

Aſtronomique) 7124. ans. Mais parce que c'eſtoit
l'enfance du Monde & l'eâge d'or, & qu'apres cō-
me le deſir de la domination eſmouuoit les ames
ambitieuſes, le general Katacliſme ſubmergea
toute nature humainé, reſeruee celle de l'Arche,
nous ne dirons autre choſe du premier mouuement de nos Abſides, ſinon qu'alors meſme du general & vniuerſel deluge qui feuſt l'an du Monde
1700. où enuiron ſelon ledit conte, ( ô tres-profō-
de mer de mediration qui engloutis la penſee de
tous hommes, de meſme que tous hommes, ô
abiſme de cogitation à noſtre cogitatiō, ô gouffre
ſans aucun fonds de la grande prouidence & bonté de D I E V, ) L'Abſide ſe ioignoit au 13. degré du
Lyon, auec les luiſantes eſtoilles du Nauire Argos,
qui demonſtroit par ce rencontre vn deluge futeur : Car il auoit eſté dés le commencement du
monde la menace d'vn deluge ſur les meſchans, &
la promeſſe d'vn Nauire de ſauueté pour ceux qui
craindroient D I E V, & qui d'vn diſcours muet
aduertiſſoit lors Noé & ſa poſterité qui habitoit
les Gaules, d'en faire vn ſemblable pour ſ'y ſauuer.
Type vrayement diuin, eſcriture & figure certes
toute ſainéte, que les hommes peuuent bien admirer, nō tous bien cognoiſtre, en taſter le bord
& le ſuperfice, non profōder iuſqu'au centre de ſa
demonſtration : Car les Cabaliſtes tiennent qu'il
demonſtre encore l'Egliſe. La Terre du dépuis
apres pluſieurs longs & multipliez Siecles, s'eſtant
repeuplée enuiron l'an du Monde 2400. l'Abſide
eſtant paruenu au 20. degré du Lyon, auec l'ayde
de la grande eſtoille appelée le Roitelet, où cœur
du Lyon, de nature plus martiale que Iouiale, plu-

C

fieurs Roytelets en chafque Prouince & Ville,
f'efleuerent en nos Gaules, qui regnerent en icelle auec diuers fuccez, mal-heurs & guerres, ainfi
qu'on le peut probablement iuger par le mouuement de ces Abfides, quand quatre cens ans apres,
an du Monde 2800. où enuiron, l'Abfide rencontra la derniere eftoille de la cuiffe du Lyon de la
nature de Saturne, de Venus & Mercure, qui demonftre des guerres infortunees & inteftines entre les parens, comme de mefme encore apres,
quand l'Abfide s'auoyfina de la derniere du pied
dextre de la grande Ourfe de nature Martiale. Les
Gaules furent donc en ceft eftat iufquà la venuë
de Cefar, enuoyant ce pendant diuerfes peuplades
d'vn cofté d'autre, telles que celles de ces genereux guerriers qui ayans debellé & rauagé tant de
Royaumes qu'il y a pour paffer de la Gaule en
Thrace, fe firent appeler Gaulo-Grecs, où comme
ceux qui defcendans en Italie, vainquirent les Romains, faccagerent Rome & affiegerent le Capi-
tole. En cefte façon, felon le rencontre des fortes
conftellations, les Gaulois firent redouter les ge-
nereufes armes de leur vaillance, & flotter glo-
rieufement leurs vainqueurs eftendards par tout
ce grand Vniuers, la memoire de la plufpart def-
quels beaux faicts a efté engloutie par la voracité
du temps, & couuerte pour iamais de fa roüille
oublieufe. C'eft pourquoy nous franchirons librement le refte du temps que l'Abfide a demeuré
dans le Lyon & entrerons en la Vierge. Vierge,
mal-heureufe Vierge, Signe fatal & de mauuais
rencontre aux Gaulois : Car par nos principes, ce
Signe eft feruile & s'appele le détriment & la

cheute de Iupiter. C'eſt auſſi par la ſeruile nature de ce Signe que ſeruirent aux Romains nos Gaules (comme nous verrons cy apres). Quand donc noſtre Abſide an du Monde 3600. ou enuiron, fuſt auec la queüe du Dragon de nature Saturnine & Martiale, alors s'eſleuerent entre les Gaulois les mal-heureuſes factions ( dont parle Ceſar en ſes Commentaires) qui durant tout ce ſiecle, & encores en l'autre 3700, à cauſe de la premiere des trois eſtoilles qui ſont en la queüe d'Helice de Nature Martiale, eſbranlerent de fonds en comble toutes les colomnes de leur Eſtat, & finalement par leur mal-heur firent planché à la puiſſance Romaine qui triompha d'eux & de leurs partialitez.

Auançons nous encore bien auant en ce Signe, auſſi bien n'y cognoiſtrons nous de long-temps, qu'imbecillité, & extreme legereté, & pour les affaires des Gaulois des fougues & des bouttades. Hé? quel plaiſir aurions nous a regratter les euenemés des triſtes influences du dos du Lyon, & de tant d'eſtoilles de l'Hydre que nous allons rencontrer. Il nous ſuffira de remarquer qu'en ce temps là, à cauſe de la Vierge ( en laquelle couroit noſtre Abſide, qui eſt la maiſon de Mercure, qui influë & eſt autheur des lettres & diſciplines,) Les Sciences furent en tref-grande eſtime entre les Gaulois, & que le Barde & le Druyde les cultiuerent auec tant de ſoing, qu'auec la grande inclination qui leur eſtoit donnee du Ciel, Ie croiray facilement qu'ils ſurmonterent en icelles, toutes les nations du monde. Ils excellerent donc en ce téps, c'eſt à dire, depuis 3700, ans, iuſqu'à 5400, non ſeulement aux Sciences vulgaires & communes,

mais aussi aux secrets & abstruses, & qui ne se trai-
ctent qu'auec secret & ordre de Kabale, telles
que la Philosophie naturelle & la vraye Astrolo-
gie, desquelles nous ne treuuons maintenant dans
les Auteurs imprimez, que des figures obscures,
des Enigmes confus, en forme de labiryntes, &
des images voilees, qui ne peuuent estre cógneus
que par ceux qui par vn maistre ( comme nous ) y
ont esté heureusement initiez. Or reuenons à nostre train.

En l'an du Monde 5500. où enuiron, nostre Abside estant infortuné par les Estoilles du Venden-
geur de la nature de Saturne & Venus ( significateurs de l'Empire Romain, comme on lit en la
Kabale Astrologique de Phauorinus, & Obserua-
tions celestes de Iamblichus, Les Gaules perdirent
leur premiere & ancienne liberté. Vierge encore
& non jamais touchee, cedans non à la force &
vaillance, Car par là ils eussent peu subiuguer plusieurs mondes: mais à la iuste volonté de D I E V, à
laquelle obeissoit le Ciel & la Terre, & tout ce qui
domine la Nature. Ils furent tributaires aux Romains iusqu'en l'an du Monde 5900, & du VERBE
incarné 420, où enuiron; que l'Abside venant à la
fin de la Vierge, leur rendit la liberté par le rencontre heureux de la blonde Perruque & Couronne de la Reyne Berenices, par le Bout de l'aisle
senestre de la Vierge, & par le Cheual celeste, lesquelles constellations vnies, vnirent encore à la
Gaule, le Sycabre, où Salien Franc, & en la personne de Pharamond, releuerent vne Royauté qui ne
peut trouuer sa fin qu'auec la consommation de
toutes choses. Symboles inexplicables, representá-

tions diuines, pourtraicts de noſtre terreſtre felicité, de quelles dignes parolles pourray-je deſcrire
le bien, que par la liberalité du Createur, vous reſ-
pandez ſur nous? C'eſt-icy, ( beaux eſprits de la
France, ames curieuſes & dignes de ſçauoir les ſecrets de DIEV, ) c'eſt icy maintenant que vous
deuez verſer les triees fleurs de voſtre bien dire,
& remplir l'air de l'odeur de vos loüanges, chan-
tans les admirables forces & proprietez de ces
eſtincellantes & lumineuſes conſtellations, par
leſquelles comme par ſes inſtrumens & cauſes ſe-
condes, le ſouuerain Roy de toutes choſes, vous a
redonné la liberté pour touſiours. Donçques valeureux François, engrauez ſur l'airain des ſiecles,
Faictes entrelaſſer parmy les timbres & blaſons de
vos armes, faictes peindre ſur l'aſur de vos Eſcuſ-
ſons, les images de ces belles & deſirables formes,
qui pour vous ſont dans les Cieux toutes couuer-
tes de flammes, & embellies de rayons d'heureuſe
gloire. Mirez, admirez les ſouuant, & quand vous
verrez que la flotante & blonde cheueleure de la
Reyne Betenice, ſignifioit qu'elle vous vniroit
auec des Pharamonds & Clodions Cheuelus. Que
l'Aiſle de la Vierge vous eſleueroit & dõcroit les
airs, voire pour jamais les airs de la liberté. Que le
Cheual celeſte la ſouſtiendroit & porteroit, communiquant ſa valeur à voſtre Cauallerie inuincible, qui en tout l'Vniuers eſt l'eſpouuante des armees, la terreur des bataillons, & la deſconfiture
des ennemis, admirez alors le iuſte rapport de la
Terre au Ciel, l'obeiſſance des choſes inferieures,
aux ſuperieures, & la perfection de voſtre Empire
en ceſte accomplie vnion. Mais ſur tout conſide-

rant que ceste Cheueleure est encore la Couronne
d'vne belle Reyne, qui vous a alliez si fermement
auec vos voisins les Sycambres, par laquelle liai-
son ont resté inesbranlables par tant de siecles les
perdurables fondemens de vostre Estat, sur tout
souuenez vous alors des grands labeurs qu'à sou-
stenu en son heureux gouuernement vostre Reyne Regente, mesmement pour vous allier auec
vos voysins d'vne paix asseurée & stable, & tenez
pour enseignement Mystic & Kabalistique, que
ceste Couronne celeste n'est que l'Image de la
sienne, de tout temps mise & gardée au Ciel pour
le bon-heur des François, par les sages Druydes
pour telle demonstrée, que doresnauant nous
pouuons nommer, non de la Reyne Berenice
seulement, mais encore de la tres-prudente, tres-
courageuse, & tres-liberale Reyne Regente
Marie de Medicis.

Plus donc par la rencontre de ces belles & puissantes constellations, toutes descoulantes en rays
& lumieres fortunees, que par la vertu du signe de
la Vierge, dans lequel estoit encore l'Abside, les
François affermirent leur naissante Royauté. Non
toutefois de telle façon, que la nature contraire &
imbecille de ce Signe, ne causast bien tost des
grands desordres en l'Estat. Car l'an du Monde
6060. & du Salut 567, le bec du Corbeau, com-
mune estoille, auec l'Hydre de la nature de Saturne & Mars, communiquant ses infaustes puissances à l'Abside, fit naistre plusieurs testes & Royautez entre les enfans du grand Clouis premier Roy
Chrestien, dont Gildebert fust Roy de Paris, Clotaire de Soissons, Clodomire d'Orleans, & Thyerri

de Mets. Voire quelques annees escoulees soubs Clotaire 2. esleuant vne nouuelle teste, mist toute la puissance de la Monarchie entre les mains des Maires du Palais, qui finalement quand l'Abside s'auoysina des yeux & du col du Corbeau de nature Saturnine & Martiale, an du Monde 6250, & du salut 750. se saisirent de la Royauté.

L'Abside sortant entierement de la Vierge, entra dans Libra, signe aussi Royal & Equinoctial, exaltation de Saturne & maison de Venus, dont la force & vertu dominante, s'estend proprement en signification d'Empires, gouuernement de grands Royaumes, & construction de grandes Citez. Signe non du tout propice & fauorable aux François, mais toutefois plus semblable & sympatisant auec eux, que celuy de la Vierge. Car c'estuy-cy est signifiant en choses hautes, grandes, & triomphantes, plain de pompe, d'esplendeur, & d'apparat auguste & magnifique. Voyla pourquoy aussi dés l'an 800. du Salut, & du Monde 6300. l'entremise & proximité du Centaure, figure toute remplie d'estoilles Iouiales, meslees auec vn peu de Venerienes, auec celles de l'aisle droicte du Corbeau de nature Saturnine, fust cause de redresser en France des reliques du miserable desbris de l'Empire Romain, vn autre Empire, lequel à raison de Saturne & Venus (significateurs comme a esté dit de l'Empire Romain) fust encore appelé de ce nom, bien qu'aucun Romain n'y commandast, & à cause des estoilles Iouiales (significatrices des François) fust establi en la personne de Charlemaigne qui estoit leur Roy. Ptolomee, Leopolde Duc d'Austriche, & Cardan suiuans

Hermes Trifmegifte, parlant de la proprieté des eftoilles qui font au commencement de Libra, enfeignent, *Illas valere ad fcientias, & ad leporem dicendi.* Ce fuft la caufe feconde du fçauoir de Charlemagne, & de l'eftabliffement de cefte belle & jadis tant floriffante Vniuerfité de Paris, qui ne peut eftre reftablie que par vn Roy qui aye beaucoup de participation & de conuenance auec ladicte conftellation, & telle l'a noftre Roy inuincible aujourd'huy Heureufemant Regnant : Car fa Majefté a Mercure en toutes fes dignitez & puiffances effentielles, matutin, & encore Iupiter & le Soleil auec les fufdictes eftoilles du commencement de Libra, qui non feulement promettent de luy donner vne grande cognoiffance en toutes Sciences, comme à Charlemagne, mais encore le faire appeler comme le grand Roy François, le Pere des Sciences & Difciplines.

Ne trouuons pas eftrange que ceft Empire f'efcoule fi toft de la perfonne & race des Roys de France, puis que c'eft le propre du Centaure & Corbeau, de n'arrefter gueres en vn lieu, & à la verité fi c'eft Empire n'euft efté continué par eflection, qui eft comme vne efpece de mouuement, allant de race en race, par là fe rapportant en quelque façon à fes principes, il y auroit longtemps qu'il ne feroit plus, & fi l'Aigle ne change de branche, elle aduance fes deftinees. Parce que le commencement de Libra eft fort entrelaffé auec les eftoilles Mercuriales des aifles de la Vierge, qui font infiniment inftables, imbecilles, mechaniques, debiles, & improportionnees en ce qui eft des grands & nouueaux Eftats ; A cefte caufe la

plus

plus part des deux siecles suiuans, nous aurons au
Sceptre & gouuernement des Princes imbecilles,
& pluſtoſt plains d'affoibliſſement que d'aucunes
ſolides vertuz. Tels furent l'Empereur Regent &
Roy de France Charles le-Gros, qui gouuerna ce
Royaume mercurialement ſeulement, & rien Io-
uialement, & puis mourut de miſerable pauureté
en la chetifue cahuette d'vn Bourg ſans nom. A
celuy là ſuiuit Charles le ſimple, lequel pour ces
imperfections & improportions, ſoixante quinze
ans ſeulement apres Charlemagne, abandonna ſa
dolente vie en la deſtreſſe d'vne triſte priſon. De
meſme ſuitte Loys le Faineant vint apres luy, qui
fut le dernier Roy de ceſte ſeconde race Royale.
Mais ces imbecillitez Mercuriales, peuuent eſtre
mieux iugees par ceux qui conſidereront comme
i'ay faict, les Natiuitez de ces trois Roys infortunez, que deſcrites par aucun ſtil humain. La valeur
de ce floriſſant Royaume ſe fleſtriſſoit languiſſam-
ment par la commixtion de ces eſtoilles Mercuriales & rencontre de Princes, qui auoient en leur
Horoſcope ennemis ou infortunez Iupiter &
Mercuré, quand l'Abſide en l'an du Monde 6500.
& du Salut 987. entrant dans la conſtellation de
Bootes, autrement Arctophilax, où le gardien du
grand Chariot print la proprieté du talon du Centaure, qui eſt Iouiale & Veneriene, & encore celle
de l'antecedente à l'aiſle ſuſdite du Corbeau de la
nature deſia dicte, par le moyen deſquelles influē-
ces, comme vne terre ſeiche freſchement arroſee
d'vne humeur conuenable, le Royaume reprint ſa
premiere vigueur & verdeur, en reproüignant les
jettons de ſes lauriers & Couronnes en la maiſon

de Hues le grand, qui nous feruira deformais d'v-
ne feconde pepiniere de grands Auguftes , victo-
rieux & tres-fages Roys. On ne verra point en cefte troifiefme race, vne fi grande eftenduë de pays
leur obeïr, on n'y remarquera point des victoires
fi celebres & ordinaires, qu'en la premiere & feconde, mais auffi elle gardera le fien, & ne donne-
ra point à lire dans fes Hiftoires, les mal-heureufes
diffentions des fils contre les peres, des freres cô-
tre les freres, fuiuies toufiours d'eftrange & piteux
Cataftrophe. Au contraire D I E V approuuant cefte iufte domination, confirmant la vertu des conftellations aydantes à l'Abfide, conferuera fix cens
ans & dauantage , cefte genereufe race au throfne
de la France , à quoy les autres deux enfemble
n'ont peu approcher ou paruenir.

En l'an du Monde 6600. & du Salut 1061. l'Abfide prenant la vertu du pied droict du Corbeau,
de nature Martiale & des eftoilles qui font au cofté droict en la ceinture de la Vierge, qui font
Mercuriales, felon l'impatience de cefte influence
trop viue, qui eft toufiours caufe des principales
fougues & fautes des François, parce qu'il a defia
affez de promptitude & legereté par la proprieté
du Cancer, qui eft dominé en partie par la Lune
toufiours, mouuâte, fans que la viuacité remuante
de Mercure le vienne aiguillonner. Par l'impetuo-
fité donc de ces Afterifmes s'efmeurent alors les
cruelles guerres & inimitiez premieres des François, contre les Siciliens, puis contre les Flamans,
puis contre les Anglois, lefquelles dernieres furent
plus cruelles que toutes les precedêtes, pour auoir
efté fomentees par l'autre pied du Corbeau de na-

ture Saturnine, & par les autres eſtoilles de la ſuſdite Ceinture, de la nature jadicte. Car la France,
apres auoir eſté à cauſe de ladite ceinture, commé
entouree d'ennemis, par les guerres qu'elle auoit
eu contre tous ſes voyſins; finalement par guerre
ciuile, ſe cuida deſtruire elle meſme, par le moyen
de l'influence Mercuriale & Saturnine, qui aux
brigues, pratiques, & artifices Mercuriaux des factions d'Orleans & de Bourgogne, adjouſta des
meurtres, & trahiſons Saturnines, inſignes, & in-
croyables. Et ſans doute ſi ceſte Monarchie euſt
peu finir, elle ſe fuſt perduë en l'an du Salut 1422.
& du Monde 6900. ou enuiron : ou pour mieux
parler, Si D I E V, ( voulant demonſtrer vne extreme benignité enuers elle) ne luy euſt donné vn
Roy, ( c'eſt Charles 7. ) ſoubs des conſtellations
tres-fortes Iouiales & Mercuriales, ſemblables à
celles de la nature du Royaume, & quaſi pareilles
à celles du Roy H E N R Y le grand, en ce qui eſt
de la conqueſte & repos de la France, par le moyē
deſquelles ſe tempererēt peu à peu celles de l'Abſide, qui finalement laiſſerent le deſſus aux Ioüia-
les & Mercuriales, comme on le voit en la Natiuité dudit Charles 7. qui ſe treuue dans les Commē-
taires de François Iunctin, Preſtre Florentin, ſur le
Quadri-partit de Ptolomée. Ie n'attribuë point
les guerres & voyages des Frãçois en la terre Sain-
cte, au mouuement de nos Abſides, Car elles deſ-
cendoient des generales conſtellations de l'vniuerſel Monde. Ainſi par la bonté du Maiſtre de
toutes choſes, qui s'eſt ſeruy de ces eſtoilles & de
la prudence de Charles, comme des roües des reſ-
ſorts de ſa grande grace, la France reprint halaine

D ij

iufqu'aux guerres d'Italie , eſtant gouuernée pendant ce temps-là , par Iupiter & Mercure conjoincts, *Partiliter & in eodem puncto Abſidis*, ſur le lieu de l'eſtoille qui precede les Lombes du Centaure, qui eſt Iouiale & Mercuriale, par laquelle conjonction & vnion, Mercure qui ſelon nos reigles, ſe conuertit touſiours en la nature de ceux qui luy ſont ioincts, perdit l'imbecillite de ſa proprieté, print la Iouiale propre à la France, & reſpandit ſur elle ſa trop ſubtile influence, qui auec la nature des Balances, nous a tant exercez en diſputes & procez, en la pourſuitte deſquels nous ſerons iufqu'au temps ſus marqué.

Nous voicy maintenant en l'an 1494. du Salut, & du Monde 7060. nous voicy, diſie, aux boutades, impetuoſitez, & fougues Françoiſes, qui eſclattent par l'inambulation de l'Abſide qui ſe treuue ſur la 2. eſtoille des 4. qui ſont dans Libra , au long de l'Aiſle ſeneſtre de la Vierge, de nature Mercuriale. Icy l'eſpluchante poincte de ladicte influence, apres auoir faict pulluler parmy nous les cruelles & deuorantes Hydres des procez renaiſſans, nous fit rechercher les anciens droicts que nous auions en Italie, intenter noſtre action, & en pourſuiure le jugement par le mortel arreſt des armes. Mais cóme tous procez ſont mal-heureux aux François ſeulement:( Car il les deuore. ) La poſſeſſion valut aux ennemis, & nous fuſmes condamnez en grandiſſimes deſpens, executez, & contraints par corps, en la perſonne du grand Roy François premier. Le mal-heur donc que nous reſſentions en ce meſchant procez, venoit de l'inconſtance des affaires, ceſte inconſtance, de l'impuiſſance de ne retenir

le conquis, & ceste impuissance de la mutabilité
& conuertibilité Mercurialle, qui ( comme il est
dit) trouuant aux François vne nature prompte,
l'emporte inconsiderement & temerairement.
Ceste malencontreuse constellation n'estoit pas-
sée, que l'Abside rencontra la senestre espaule
de Bootes, de nature Saturnine & Martiale, nulle-
ment Iouiale, (mais bié son ennemie,)influéce autant, voire plus cruelle que la precedente : Car la
premiere n'infortunoit que pour ne retenir son
bon-heur, ou prendre ses aduantages, & puis la
guerre estoit contre des estrangers. Mais en ceste
cy toute sa signification tomboit sur le Royaume,
tout le desordre venoit d'iceluy, & tous les raua-
ges s'exerçoient en son cœur, en ses propres en-
trailles. La raison de cela estoit, que Iupiter maistre de l'Abside, *Nullam habebat in hac constella-
tione conuenientiam*, comme a esté dit, ainsi qu'il
auoit tousiours eu aux precedentes Mercuriales,
& que chacun de ces deux Planetes malins, vouloit estre dominateur. De faict la malice de ceste
effroyable espaule appelée Teginus, a esté si grande qu'elle a exercé les plus cruelles qualitez de ces
deux Planetes. Le propre de Mars est d'agir ou-
uertement, & de iour, & alors tuer, & par fer, feu
& flamme, ruiner, espandre le sang, & destruire
tout. Saturne vient couuertement, par fraude, dol,
tromperie, & de nuict, puis assomme, precipite,
noye, estouffe, & estrangle; combien trop verita-
blement ont elles representé sur nostre triste es-
chafaut toutes ces luctueuses proprietez ? Mais dira
quelqu'vn, d'où sont venuës les disputes de la Religion, meslées auec les gibets & les feux parmy

ces forcenees diuisions? Ie respons, que ie ne pen-
se pas que les disputes de la Religion dependent
du mouuement des Absides, quoy qu'en aye dict
Cardan, & tant d'autres doctes, si ce n'est que ce
changement icy, estant le plus horrible, espouuen-
table & formidable de tous les precedens, D I E V
aye permis qu'il aye amené ces disputes pour ex-
ceder en l'ame & au corps, tous les maux qui furent jamais. Et à la verité, s'il est permis de croire,
*sub censura Ecclesia*, qu'il permette aux Astres
d'esmouuoir ces disputes, comme agissans premierement sur les corps, & puis par eux sur les ames,
*Non simpliciter & directé, sed per medium, & indi-*
*recté.* I'aymerois mieux croire qu'elles auroient
esté suscitees par la constellation de la liee & em-
manotee Cassiopee, qui en l'an 1572. enuiron la S.
Barthelemy, monstra à tout l'Vniuers vne nouuelle estoille en sa Chaire, aupres de ses genoux,
qui en grandeur surpassoit celles de la plus grande
magnitude, esgale à celle qui apparut aux Roys
qui vindrent d'Orient adorer le C H R I S T, laquelle se monstra brillante & estincelante par sei-
ze moys où enuiron, s'escoulant & disparoissant
peu à peu, comme de mesme firent ces feux & ces
gibets, & comme encore il semble que maintenant en la France peu à peu s'escoule & s'esteigne
ceste ardeur desmesuree de la Religion, qui alors
enflammoit si passionnement les cœurs, & qu'elle
aille encore iusqu'à son temps en son declin, iusqu'a ce qu'il plaise à D I E V. Mais comment, par
quelles demonstrations & raisons Astronomi-
ques & Phisicales, on pourroit demonstrer, comme l'estoille des genoux de l'enchaisnee Cassiopee

nous defignoit & figuroit celà? Ie le pourray trai-
cter ailleurs autrement , car ces raifons pourroient
faire chopper icy quelque ame infirme.

Ces feux, rebellions, defobeiffances, paix ou tré-
ues, durerent iufqu'en l'an 1585. & du Móde 7080.
que l'Abfide prenant les proprietez de l'antepe-
nultiefme de l'Hydre, qui eft vers la fin du 6. degré
des Balances, de nature Saturnine & Venerienė,
fit naiftre & fouffleuer en la Ligue derniere vn nó-
bre de teftes contre la Royale. Et parce que la nature de la precedente Saturnine auoit efté corro-
boree par cefte-cy, pour comble furent adjouftees
aux guerres ciuiles, l'incurfion de l'ennemy naturel, fes garnifons dans la Capitale, les entreprifes
& prifes de la Couronne qui fut fonduë, & fes
pierres precieufes comme mifes à l'encan.   Car
quant aux morts violentes des chefs, Premierement de Monfieur de Guife, & puis du Roy HEN-
RY 3. ces eftranges euenemens, enfemble le changement de la Couronne d'vne branche en l'autre, & la mort de HENRY le grand, ne vindrent
pas abfoluëment, à caufe de l'influence de l'Hydre, encore qu'elle y aydaft, comme qui pouffe-
roit vne chofe efbranlee, mais aduindrent par les
malignes conftellations vniuerfelles du Monde,
qui troublerent pour lors la plus part des Roys de
la Terre, ayans leurs effects au temps feulemét des
accidentaires directions des Planettes de leurs
Natiuitez, qui font mifes en lumiere au Commen-
taire du Preftre Florentin, fus-allegué, dedié aux
Inquifiteurs, & auec leur permiffion imprimé. La
France ayant efté long-temps fort vexee par l'Hydre, finalement l'Abfide vint au 6. degré, & 48.

min. de Libra, aux termes de Venus, dans lequel
lieu, elle a plus de puiſſance qu'aucun autre Planete, & partant parce qu'elle eſt benefique & pai-
ſible, & qu'elle participoit à l'influence precedente, qui eſtoit en partie Veneriene, facilement eſtant
augmentee de force par ces Termes, elle commé-
ça à nous dominer abſoluëment, & ſelon ſa nature, enclina à la paix les eſprits du Roy, des Fráçois,
& de l'eſtranger, à ce contrainĉts & forcez les
deux derniers par les armes victorieuſes & inuincibles de ſa Majeſté, qui pour le recouurement de
ſon Royaume eſtoit capable de battre toutes ſor-
tes d'ennemis, voire toutes les forces du Monde
enſemble, à cauſe des Triangles de Saturne à Venus, & de Iupiter à la partie de Fortune, par leſ-
quels on peut lire, que Dieu vouloit indubitable-
ment que ſa Majeſté recouuraſt l'heritage de ſes
ayeulx par armes. D'autant que Mars en ſon Horoſcope, auoit vne treſ-grande commixtion, liai-
ſon & action auec Saturne & Venus, ſignificateurs
de ſon heritage. Car Mars eſtoit en la maiſon de
Saturne, & au ſextile de Saturne, & Venus en la
maiſon de Mars, & ſextile de Mars. D'abondant
Mars eſtoit en ſa propre exaltation & throſne, en
la ligne du Septentrion qui monſtroit le Royaume. Et non ſeulement eſtoit-il né pour vaincre,
mais encore pour regner apres en paix, comme le
monſtre Iupiter en ſa Natiuité conjoinĉt par Or-
be aux Balances, auec le degré de l'Abſide. Et à la
verité les Termes ſeuls de Venus, n'euſſent point
donné vne paix ſi lógue, s'ils n'euſſent eſté ſouſte-
nuz & fortifiez par ceſte tres-forte, & pour ce diſ-
poſee de Dieu conſtellation. Comme de meſme

apres

apres fa mort, les funeftes feux de nos déplorables diffentions, euffent aüec plus de rauage que jamais embrafé les mal-heureufes mutineries de nos guerres ciuiles inciuiles, fi la mefme beneuolencé du REDEMPTEVR, n'euft faict naiftre fous mefme conftellation le Roy Loys 13. auec felicité régnant, ayant pour ceft effect, non feulement Iupiter aux Balances conjoinct auec le degré de l'Abfide, & en la ligne du Septentrion qui demonftre le Royaume, mais auffi Mercure tref puiffant en fon Signe, & encore ( quafi au mefme degré de l'Abfide ) le Soleil, hors des rayons duquel la Lune defluant & fortant en ce mefme Signe, prend & retient à foy les feux & flammes de Iupiter que le Soleil luy baille. Caracteres certes myfterieux, admirables, notables, & longuemét remarquables. Caracteres, difie, qui dés la naiffance de fa Majefté, peignoiét d'vn bien vifible crayon fa Royauté en bas âge, la REGENCE DE LA REYNE fa mere, le bon-heur du Regne & du gouuernement. Vous ferez con-traints icy, ames opiniaftres, baffes, & vulguaires, qui ne pouuez confiderer pour la pefanteur de vos efprits, que la boüe de la terre, & la maffe groffiere de ce qui f'atrefte entre vos doigts ; vous ferez, difie, icy contraincts d'approuuer la verité de nos reigles, & confeffer l'infallibilité de nos axiomes, ( quand DIEV de fa toute-puiffance n'en empefche la fignification. ) Voyez nos reigles en tous nos Autheurs, Chapitre des dignitez acciden-taires des Planetes, & vous verrez qu'vn Planete eft dict, eftre fous les rayons du Soleil, quand il eft trop pres d'iceluy, n'en eftant pour le moins efloi-gné de fept degrez, alors ce planete comme vne petite bougie mife deuant vn grand feu, perd fa clarté & fa force, la delaiffant au Soleil, qui puis apres la communiqué au premier planete qui défluë, & fort hors de fes rayons. Confiderez maintenant Iupiter fignificateur de la France, & de l'authorité du Diadefme, eftre en la la Natiuité du Roy au 3. degré, & 5. min. des Balances, & le Soleil au 4. degré & 34. min. comme la Lune au 22. degré & 10. min. dudit Signe. Par la reigle donc, Iupiter fe trouuoit priué de clarté, de lumiere & de force. Car il n'eftoit efloigné du Soleil que d'vn degré, & 29. min. & le Soleil l'ayant prife, la rendoit & depofoit à la Lune, qui n'eftoit efloignee & defluante du Soleil, que par 17. degrez & 36. min. & partant n'auoit marché que deux degrez où enuiron, depuis fa fortie hors des rays du Soleil, qui ne f'eftendent que iufqu'au quinziefme. La Lune par ces reigles, fortoit donc hors des rayons d'iceluy, les remportant remplie de clarté, de rays, de feu & vertu Iouiale. Voyez encore Ptolomee, liure 3. de fon Quadri-partit, Schoner chap. 2. liure 1. des Natiuit. & tous nos maiftres chap. des Parens, & vous verrez que la Lune reprefente toufiours la Mere aux natiuitez nocturnes, comme eft cefte cy. La Lune donc, emportant & retenant la lumiere & clarté que le Soleil auoit ofté à Iupiter fignificateur du Royaume, & d'ailleurs fe trouuant hautement efleuée en l'Apogee de fon Eccentrique, au Septentrion qui marque l'heritage & le Royaume du Roy, comme a efté dict, demonftroit clairemét que la Reyne fa mere, exerceroit vn iour tout le pouuoir authorité & influance de Iupiter, & partant feroit Regente en ce Royaume heureufe,

obeïe, redoutée & respectée. Qui voudroit maintenant considerer que signifient les quadrats de la
Lune à l'ascendant, & à la partie de Fortune, en-
semble les deux heureux sextiles dextres de Mars
& Venuz à icelle Lune, qui applique & s'en va au
corps de Saturne, celuy-là verroit en gros le passé
& le futeur, & loüeroit DIEV de la bonté de sa grace indicible. Reuenons à nos Absides.

Celle de la France; c'est à dire de Iupiter, estoit
au 6. degré 57. min. & 9. secondes des Balances,
quand l'infernale creature, entraînee par vne dia-
bolique imagination, mist en effect les menaces de
mort violente, que par quatre redoublées constellations le Ciel auôit demonstré dés la Natiuité
pouuoir choir sur le liberateur de la Fráce, sur l'in-
comparable HENRY le grand, de tres-heureuse &
tres-douce memoire. Ma plume icy reste immobi-
le, se representant seulement en gros les qualitez
mal-heureuses, figurees par les Ancretas significateurs de ce satellite de l'horreur de l'affreux
Auerne, & comme frapee du foudre, transist sous
l'estonnement d'vn si lugubre coup. Ce coup éust
tenuersé tous les fondemens de l'estat, & ouuert
la bonde aux flots & vagues des tempestes passees,
si nostre tres-heureux Roy regnant, n'eust eu
en sa Natiuité, comme i'ay desia notté, Iupiter có-
joinct auec le degré de l'Abside. Ie l'appele tres-
heureux. Car il ne peut mourir d'aucune mort
violente, n'ayant en son Horoscope, aucune constellation qui l'en menace. Roy doüé d'vn esprit
admirable, d'vn jugement singulier, d'vn courage
& ame genereuse & Royale, auquel plaise à DIEV
donner les ans de Nestor, comme il a desia ses

guerrieres vertuz. Donc sa Majesté à Iupiter con-
ioinct auec le degré de l'Absíde. C'est aussi, apres
DIEV, l'vne des causes de nostre repos, de nostre
bon-heur, & de la conseruation de ce Royaume.
C'est ce qui a retenu les armes des estrangers &
subjects effarouchez par le tres-scelerat assassin du
Roy HENRY le grand, c'est ce qui a faict fleschir les
mutins aux pieds de son throsne redoutable, c'est
ce qui les gouuerne encore auec felicité, & qui les
chastiera, s'ils entendent à la desbauche. En l'an de
Salut 1614. & du Monde 7123. l'Absíde est paruenu
au 7. degré des Balances, rencótrant la derniere de
l'Hydre de la nature ja dite. Toute la France à veu
comme elle a cuidé pulluler, toutefois, à cause des
termes de Venus, dans lesquels l'Absíde sera encore longues annees, & qu'on a obserué l'inuiolable
ordre de l'Estat, qui nous sera pour tousiours, ce
que les anciens estimoient leur estre leurs Lares &
Penates Tutelaires, l'orage s'est calmé, si que soubs
le doux abry du port nous respirons aujoutd'huy
le ioyeux air d'vne paix asseuree. L'an suiuant
du Monde 7124. & du Salut 1615. l'Absíde paruié-
dra au 7. degré. 2. 0. minutes. 57. secondes. & 16.
tierces des Balances, retenant encore la proprieté
de ladicte derniere de l'Hydre : Car l'Absíde n'en
rencontre point encore d'autre. Celà nous signifie, auec ce que la Venus de sa Majesté est ceste annee la en l'Ascendant de sa reuolution, qu'vn nouueau chef, ou plustost qu'vne nouuelle estoille,
plus belle, & radiant, plus fauorablement que celle de l'Aube du iour, viendra respandre sur nostre
Horison les benignes lumieres de sa beauté desirable, & ayant part, authorité, honneur, & titre tres-

magnifique en l'Eſtat, incitera nos ames à ioye & delectation, ſelon le bon-heur de ſa venuë tant eſperee, rempliſſant l'ame de ſa Majeſté de tant de douceurs d'Amour, de delices & chers blandices, que ceſte annee ſera l'vne des plus heureuſes, plus agreables, & plaine d'autant de ioye, de ieux, ſumtuoſitez, magnificences & contentement qu'autre que ſa Majeſté puiſſe voir, encor que *Aliquãdo obſcuretur*. Car la nature de l'Hydre, agira principalement en 1616. quand l'Abſide rencontera l'aiſle ſeneſtre antecedente du Corbeau de la nat. de Saturne & Mars, de la 3. magnitude, *Hic annus multa mirè dabit, Caſſiopeiæque lites meditat, atque funera multa, quæ Deus Harpocrates non palam pandit.*

Nous ne chommerons plus ſi long temps aux autres trois mouuemens: auſſi ils ne regardent que le general de l'Vniuers, qui ne nous touche pas tant que noſtre particulier, & partant n'eſt pas beſoin de l'eſplucher ſi exactement. Nous diſons que les deſordres, viciſſitudes, & reuolutions du Monde ſe jugent, entre autres conſiderations, par celle-là de la mutation de l'Eccentricité du Soleil, qui eſt ſuiuie touſiours & perpetuellement non ſeulemét par celle de Venus & Mercure, mais auſſi par toutes les autres errantes ſuperieures. Auſſi eſt il le Roy des Planetes, le Cœur du Ciel, la reigle des mouuemens, l'ame des corps celeſtes, la meſure du temps & des ſaiſons, & la fontaine de la vie, de la lumiere & clarté. Voyla donc vn mouuement tres-notable, puis que le moteur a ſi grand pouuoir. Or ceſte mutation de l'Eccentricité du Soleil, comme il eſt remarqué par Copernicus en ſon 3

liure des reuolutions, chap. 20. & par Noſtradamus
au commencement de ſon liure du changement
des Orbes celeſtes, ſe meſure & cognoiſt par le
mouuement du petit cercle qui tourne le centre
de l'Eccentric du Soleil, lequel petit cercle parfait,
le tour de ſa circonference en 3434. annees. La
plus grande Eccentricité derniere du Soleil fuſt
63. ans auant la Natiuité de noſtre Seigneur & Redempteur IESVS - CHRIST, au temps ou enuiron
que Ceſar changeoit la Republique Romaine, &
par conſequent la plus grande part du monde en
Monarchie. Et maintenant ce petit cercle aura
ſa plus petite Eccentricité l'an 1653. au moys de
Mars, qui menace de ruiner tout ce qui auoit eſté
formé par la grande Eccentricité, & s'eſt maintenu
en quelque façon iuſqu'icy. Ce petit cercle eſt appelé par le docte Cardan en ſon ſuplement des
Ephemerides, & par George Ioachim Rethique,
en ſa premiere narration des Hypotheſes de Co-
pernic, la Rouë de fortune, parce que par ſon con-
tour en partie, les Monarchies ont eu commencement & fin. Et defaict l'Empire Romain ayant
eſleué les trophees de ſes plus glorieuſes armes en
la plus gráde Eccentricité, eſt depuis allé touſiours
en deſcroiſſant comme deſcroiſſoit icelle: de ſorte
qu'aujourd'huy que l'Eccentricité eſt deſia tres-
petite, il ſemble eſtre tout caduc, vieux, chancelant
& allant à ſon premier lieu. Au contraire de la loy
& Empire Mahometan, qui ayant commencé au
premier quadrat dextre de l'Empire Romain, á
creu ſelon le mouuement du petit cercle, & declin
dudit Empire, & croiſtra, ſi DIEV par nos prieres
n'oſte la proprieté à ces mouuemens, encore beau-

coup plus en l'an 1653. Car en ce temps-là, fera la plus petite Eccentricité, apres laquelle en l'autre quadrat, ira derechef en ruine, & finira du tout finalement.

La mutation de l'obliquité du Zodiaque, ayde auffi fort à la cognoiffance de ces formidables châgemens, laquelle eft tres-grande à 23. degrez, & 52. min. & tres petite à 25. degrez & 28. min. Et parce que cefte caufe dépend de la precedente, de la mutation de l'Eccentricité du Soleil, Car cefte obliquité du Zodiaque, croift, ou fe diminuë, auec l'accroiffance où defcroiffance de ladicte Eccentricite, qu'elle fuit toufiours, par ces raifons fans l'exagerer dauantage, nous dirons feulement, que l'obliquité du Zodiaque defcroift fort, & qu'elle fera en 1653. tres-petite, laquelle menace de donner vn nouueau Ciel, vne nouuelle terre, & de punir rigoureufement nos mal-heureufes iniquitez.

La conionction auffi des plus hautes & fuperieures Planetes, Saturne & Iupiter, eft toufiours fort confiderable; par ce que c'eft vn affemblage de feux & flammes bien diuers, & que l'vn eft appelé l'infortune, & l'autre la fortune grande du Monde. Ces Planetes ont trois fortes de conionction, petites, moyennes & grandes. Les petites fe font en l'efpace de 19. ans, 318. 12. h & 59. min. Elles font ainfi dictes, quand ces Planetes fe rencontrét en cefte efpace de temps, en figne de mefme trigone & triplicité qu'elloit celuy de la precedente conionction. Et cefte-cy fe faict dix fois auant que de fortir d'vne triplicité. Nous n'entendons point parler de cefte-cy, puis qu'elle ne caufe jamais des mouuemés guieres grands. N'y auffi de la moyen-

ne, qui eſt dicte quᵃnd ces Planetes ſe conioignét
en Signes, qui ſont bien de diuers Trigones, mais
non pas toutefois contraires & ennemis, comme
quand la conionction vient de la triplicité ignee,
à la terreſtre. Ceſte-cy ne ſe faict que de 199. ans.
265. iours, & 9. heures, en autant de temps, & auãt
qu'entrer en triplicité contraire, ſe faict trois fois.
Toutefois celle icy aydee du mouuement des Abſides, a faict la plus part des Empires. Celuy des
Perſes commença ſoubs vne conionction moyé-
ne, terreſtre, & mouuement de l'Abſide & influã-
ces de Saturne & Mars. Celuy d'Alexandre le
grand, ſoubs vne moyenne Æriene, & mouuemét
de l'Abſide & influances du Soleil & Venus. Et
celuy de Mahommet en la moyenne aquatique &
mouuement de l'Abſide de Mars, & commixtions
de Saturne. Ceſte-cy faict merueille quand ce
qu'elle a conſtruit, ne ſe treuue ruiné par les generales & plus fortes conſtellations, au temps de la
conionction ſubſequente. C'eſt pourquoy es ſiecles derniers l'Empire de Mahommet s'eſt accreu
des Empires de Trebiſonde & Conſtantinople:
Car la conionction moyenne de ces Planetes, ſe
trouuoit au Scorpion, Signe de la Triplicité aquatique, conforme en vertu & qualitez au Signe,
ſoubs lequel il auoit commencé, auquel temps il
n'eſtoit deſtruit par les generalles. Nous deſirons
qu'on conſidere ſur tout les grandes, qui comme
elles ſe font plus rarement : car ne ſe font qu'vne
fois en 794. ans & demy, auſſi ont des effects plus
merueilleux & extraordinaires. Celle-cy racle ruine, emporte, deſtruit auec vne violence du tout ennemie, tout ce que la precedente a faict. Celle-cy

rauage

táuage auec toute sorte d'hostilitez , non les villes
& prouinces seulement ; mais encore les Royaumes, les Empires, & quelquefois tout l'Vniuers. La
raison se peut facilement voir en la contrarieté des
qualitez des Signes, dans lesquels les conionctiõs
ont esté faictes.  Or les grandes conionctions se
font quand des Trigones aquatiques , par exemple ces Planetes se conioignent en signes de Trigones Ignees.  Ce changement faict tousiours les
plus grands changemens.

Pour preuue regardons dans les Histoires, cher-
chõs y ceux qui ont esté les plus generaux, & nous
verrons si nous supputons aussi les mouuements
celestes, qu'au mesme temps y auoit vne grande
conionction. Sept cens nonante quatre ans ou en-
uirõ apres que Dieu eut formé ce beau chef d'œu-
ure le monde, y eust conionction, au temps de Ia-
red: alors la plus part du genre humain commença
de mener vne vie ciuile, s'vnissant plus estroicte-
ment les vns les autres en forme de bourgs & citez
changement bien notable, puisque doresnauant
chacun dira, tien, mien. La 2. se fist l'an du monde, 1588. à l'endroit de l'Asterisme de la nef cœle-
ste, laquelle à esté plus cruelle qu'aucune des autres, ses effects apparurent 68. ans apres , non seulement en quleque parries de la terre, mais par tout
l'vniuersel monde, quand le general deluge , sub-
mergea toute creature sauf ce qui, par la benedi-
ction diuine, fust sauué en l'arche auec Noé. La 3.
fust l'an 2382. quand le genre humain se recueillit
derechef en vng, bastissant villes & citez. La 4.
fut l'an 3176. quand Nembrod dressa le premier
Royaume, alors fust bastie la tour de Babel, & ad-

F

uint la confufion dés langues, & les diuers langai-
ges qui depuis fe font efpandus par tout, & ont
toufiours changé fuiuant les cohionctiós. La 5.fut
l'an 3970. quand Moyfe par la vertu de DIEV, emmena hors d'Egypte le peuple d'Ifraël, deftruifant
trente vng Roy, les Egyptiens, Hethiens, Amor-
rheens, Chananeens, Pherefiens, Heuiens, & Ie-
bufiens, & tous les peuples ou ils pafferent fans ef-
pargner aucun fexe. La 6. aduint l'an 4764 qui de-
ftruifit tout ce qui auoit efté fait par la precedente,
par fer, feu & flamme ruinant le peuple d'Ifraël,
qui en auoit tant d'autres ruiné, premieremét par
Teglat-Phulaffar Roy des Affiriens, puis par fon
fucceffeur Salmanaffar, qui emmena le refte auec
Daniel en la captiuité Babilonique, alors furent in-
ftituez les jeux Olympiques & Rome baftie. La
feptiéfme fe fift l'an 5558. du monde, la 15. du VER-
BE incarné, alors les Cefars reduirent la Republique Romaine en Monarchie, & puis péu à peu fuft
prefchée & produite la LOY CHRESTIENE qui abo-
lit la Payene. La 8. fe fift l'an du monde 6352. & du
falut 809. auquel temps la plus part de l'Europe,
Afie & Affrique ayant efté deftruite par des natiós
incogneuës, Huns, Alans, Herules, Gepides, Gots
Oftrogots, Viffigots, Lombards, Normans & Sar-
rafins, finalement l'Empire Occidental qui auoit
efté aboly fuft reftauré & renouuelé en France par
les armes de Charlemagne. La 9. & derniere coni-
ionction à efté faite, feló le fufdit calcul des Grecs
& Orientaux, l'an du monde 7111. & de noftre Re-
deption 1603. le 24. Decembre fur les 7. heur 28.
min. 50. fecond. aprés midy au pole de 45. au 9. degré 37. minutes, & 40. fecondes du figne Sagitai-

re qui est ignee, aupres des genoux d'Ophiuchius, sur la premiere spondile & pied du Scorpion qui sont destresuiolentes constellations de la nature de Saturne & Mars, auec la participation de la teste d'Hercules apellee Rasalgeti de la nature de Mercure & Mars, qui adiouste à la signification de la force, larcin & rapine. Ces constellations, parce qu'on vieillit dans les fondrieres du vice, & vid de la malice de l'iniquite, sont à tout l'Vniuers, principalement à vn Empire & quelques Royaumes subiets au Sagitaire, en signes, marques demonstrations, figures & aduertissemens tres certains, de si horribles desolations, destructions & deuastations, que la menace de ces fleaux estát demonstree au Ciel auec exces & sans borne, sans doute, si l'on n'appaise Dieu, ils surpasseront tous ceux que les plus malheureuses nations ont iamais essayé. Et quand à nous François craignós DIEV, honorons le Roy, la Reine, Monsieur, Messieurs les Princes du sang, Superieurs & Magistrats, prians sans cesse pour eux, principalement pour la longue vie de nostre Roy tres-Chrestien tres-heureux & tres-inuincible: car il nous sera comme le Palladium aux Troyens, comme aux Romains les boucliers Anciles, & comme l'image d'or de la fortune aux valeureux Cesars.


# FIN.